Mi biblioteca de ciencias

¿Qué hacen los animales en invierno?

Julie K. Lundgren

Editora científica:
Kristi Lew

ROURKE PUBLISHING

www.rourkepublishing.com

Editora científica: Kristi Lew
Antigua maestra de escuela secundaria con una formación en bioquímica y más de 10 años de experiencia en laboratorios de citogenética, Kristi Lew se especializa en hacer que la información científica compleja resulte divertida e interesante, tanto para los científicos como para los no científicos. Es autora de más de 20 libros de ciencia para niños y maestros.

© 2012 Rourke Publishing LLC

www.rourkepublishing.com

La autora quiere darles las gracias a Melissa Martyr-Wagner y Sam, Riley y Steve Lundgren.

Photo credits: Cover © nialat; Table of Contents © Eric Isselée; Page 4/5 © riganmc; Page 6 © Eric Isselée; Page 7 © S.R. Maglione; Page 8 © Jordan McCullough; Page 9 © Gooddenka; Page 10 © © Kevin Dyer; Page 11 © Bruce MacQueen; Page 12 © Dennis Donohue; Page 13 © nialat; Page 14 © Studiotouch; Page 15 © nialat; Page 16 © Winthrop Brookhouse; Page 17 © Vladimir Chernyanskiy; Page 18 © Jordan McCullough; Page 19 © fotoret; Page 20 © Witold Kaszkin; Page 21 © Michael Woodruff

Editora: Kelli Hicks

Cubierta y diseño de página de Nicola Stratford, bdpublishing.com
Traducido por Yanitzia Canetti
Edición y producción de la versión en español de Cambridge BrickHouse, Inc.

Library of Congress Cataloging-in-Publication Data

Lundgren, Julie K.
¿Qué hacen los animales en invierno? / Julie K. Lundgren.
    p. cm. -- (Mi biblioteca de ciencias)
Includes bibliographical references and index.
ISBN 978-1-61741-746-7 (Hard cover) (alk. paper)
ISBN 978-1-61741-948-5 (Soft cover)
ISBN 978-1-61236-921-1 (Soft cover - Spanish)
1. Animals--Wintering--Juvenile literature. 2. Hibernation--Juvenile literature. I. Title.
QL753.L86 2012
591.4'3--dc22
                                2011938874

Rourke Publishing
Printed in the United States of America,
North Mankato, Minnesota
091911
091911MC

www.rourkepublishing.com - rourke@rourkepublishing.com
Post Office Box 643328 Vero Beach, Florida 32964

Contenido

Frío, nieve y hielo

En muchas partes del mundo, el invierno trae temperaturas frías, nieve y hielo.

En invierno, los lagos se congelan y la nieve cubre el suelo.

5

Los animales que viven en lugares donde las estaciones cambian, desarrollan muchas **adaptaciones** para **sobrevivir** en invierno. Esas adaptaciones afectan su apariencia y la forma en que actúan.

Varias capas de pelaje espeso mantienen calentitos a los lobos.

Adaptaciones en invierno

¿Cómo sobreviven los animales en invierno? Muchos animales **migran**, o se mueven de un lugar a otro. Los animales con alas pueden emigrar en otoño. También migran algunas **manadas** de animales, como los **caribúes**.

Muchas mariposas monarcas migran a California y México.

Algunas manadas de caribúes migran más de 400 millas (644 kilómetros) entre sus hogares de verano y de invierno.

Algunos animales **hibernan**. Muchos sapos cavan en el suelo y pareciera que caen en un largo y profundo sueño. Otros animales que hibernan comen mucho en otoño para engordar.

Algunos sapos hibernan en madrigueras.

Como no pueden comer cuando están hibernando, usan la **energía** de la grasa de sus cuerpos para mantenerse vivos.

Las marmotas o comadrejas comen constantemente a medida que se acerca el tiempo de hibernación.

Algunos animales no hibernan realmente, pero pasan gran parte del invierno en sus hogares, descansando y viviendo de la comida almacenada.

El zorrillo, el mapache y el oso negro se despiertan para comer en los días más cálidos.

mapache

Los animales **activos** desarrollan
otras adaptaciones. El pelaje de algunos
animales cambia de marrón a blanco
durante los meses de invierno. Este
camuflaje los ayuda a confundirse en
la nieve.

El pelaje de la liebre ameri-
cana la ayuda a esconderse
de sus enemigos en verano
y en invierno.

Muchos animales activos se alimentan de comida almacenada o desarrollan una piel más gruesa. Otros, como el ratón, viven en túneles bajo la nieve. La nieve actúa como una manta que los ayuda a mantener el calor.

Los arrendejos grises almacenan insectos, bayas, semillas y otros alimentos en los árboles.

Los roedores permanecen calientes y ocultos en una red de túneles bajo la nieve.

Regresa la primavera

Cuando llega la primavera, la temperatura sube y la nieve y el hielo se derriten. Los animales migratorios regresan.

En marzo, las monarcas comienzan a volar hacia el norte.

Las primeras flores le dan la bienvenida a la primavera.

19

Los animales dormilones despiertan. Los que cambian de color, reemplazan sus blancos pelajes invernales con un veraniego color marrón. Los animales han utilizado sus adaptaciones para sobrevivir y están listos para la primavera.

En primavera, el zorro ártico cambia su blanco pelaje de invierno por un brillante abrigo marrón.

Para la gente del norte de Estados Unidos y Canadá, el regreso del petirrojo es una señal de la primavera.

DEMUESTRA lo que sabes

1. ¿Cuán difícil es el invierno para los animales?

2. ¿Qué adaptaciones desarrollan los animales para sobrevivir en invierno?

3. ¿Por qué migran los animales?

Glosario

activo: estar siempre comiendo, moviéndose, descansando y viviendo.

adaptaciones: maneras en que cambian los animales a través del tiempo para sobrevivir, como cambios en su apariencia y forma de actuar.

camuflaje: color que se confunde con el entorno y ayuda a los animales a esconderse

caribú: reno de América del Norte

energía: la habilidad del cuerpo para hacer el trabajo de vivir

hibernar: entrar en un estado de sueño profundo, donde la temperatura del cuerpo baja y el corazón late más despacio para ahorrar energía

manada: grupo de animales que viven y se desplazan juntos, lo cual suele ser una manera de sobrevivir

migrar: moverse con regularidad de acuerdo al cambio de las estaciones

sobrevivir: continuar viviendo a pesar de los peligros

Índice

Sitios en la Internet

www.allaboutbirds.org/guide/Gray_Jay/lifehistory

www.dnr.state.mn.us/young_naturalists/snow/index.html

www.learner.org/jnorth/

www.nhptv.org/natureworks/nwep4.htm

Acerca de la autora

Julie K. Lundgren creció cerca del
Lago Superior, donde le gustaba
pasar tiempo en el bosque,
recoger bayas y ampliar su colección
de rocas. Su interés por la naturaleza
la llevó a graduarse de biología. Hoy
vive en Minnesota con su familia.